AF489236

Αα

ALPHA
[a]

Αγελάδα [ageláda]

Β β

BETA

[v]

Βιβλίο

[vivlío]

Γγ

GAMMA
[y]

Γάτα
[yáta]

Δ δ

DELTA

[d]

Δέντρο

[déntro]

E ε

EPSILON

[e]

[elikóptero]

Ελικόπτερο

Ζζ

ZETA

[z]

Ζέβρα

[zévra]

Ηη

ΕΤΑ

[i]

Ήλιος

[ílios]

Θ Θ θ

THETA
[th]

Θησαυρός
[thisavrós]

Ιι

IOTA

[i]

Ιπποπόταμος

[ippopótamos]

Κκ

КАРРА
[k]

Κουνέλι
[kounéli]

Λλ

LAMBDA

[l]

Λουλούδι

[louloúdi]

Μμ

Μυ
[m]

Μήλο

[mílo]

Nν

Νν
[n]

Νεράιδα
[neráida]

Ξ ξ

XI
[ks]

Ξύστρα [xýstra]

Oo OMICRON
[o]

Ομπρέλα
[ompréla]

Ππ

ΡΙ
[p]

Παπούτσι
[papoútsi]

Ρ ρ

Ρολόι

[rolói]

Σ σ

SIGMA
[s]

Σκύλος [skýlos]

Τ τ
TAU
[t]

Τίγρη
[tígri]

Yu

UPSILON

[y]

Υποβρύχιο

[ypovrýchio]

Φ φ

PHI

[f]

Φίδι [fídi]

Χχ

ϹΗΙ

[kh]

[chelóna]

Χελώνα

Ψ ψ

PSI
[ps]

Ψωμί [psomí]

Ωω

OMEGA

[o]

Ωκεανός [okeanós]

Αα Ββ Γγ

Ηη Θθ Ιι

Νν Ξξ Οο

Ττ Υυ Φφ

Δδ Εε Ζζ

Κκ Λλ Μμ

Ππ Ρρ Σσ

Χχ Ψψ Ωω

Υυ

Αα

Ωω

Κκ

Τ τ

Ν ν

Ζ ζ

Οο

Λλ

Ψψ

Bβ

Xx

Μμ

Φφ

Ππ

Θθ

Εε

Ρρ

Ηη

Ιι

Δδ

Σσ

If you enjoy this book, please do support us by leaving an honest review on Amazon.
Thank you!